DE L'ARISTOCRATIE

ET

DE LA DÉMOCRATIE;

DE L'IMPORTANCE DU TRAVAIL,

ET

DE LA RICHESSE MOBILIÈRE.

DE L'IMPRIMERIE DE DENUGON.

DE L'ARISTOCRATIE

ET

DE LA DÉMOCRATIE;

DE L'IMPORTANCE DU TRAVAIL,

ET

DE LA RICHESSE MOBILIÈRE.

Par Auguste B.***

Libertatem gloriâ cariorem habeo.
SALL.

A PARIS,

Au Naufragé de la Méduse, chez Corréard, Libraire,
Palais-Royal, galeries de bois, n°. 258.

1819.

DE L'ARISTOCRATIE

ET

DE LA DÉMOCRATIE.

Les anciens ont exercé une telle influence sur les modernes, que je n'oserais dire si leurs livres nous ont été utiles ou funestes. Dans les lettres et les arts; dans les sciences, la jurisprudence, le gouvernement, on n'a pensé que par les anciens; on n'a agi que d'après leurs vues, comme si rien n'avait changé depuis eux, les hommes ni les choses. L'admiration que devaient si justement inspirer leur poésie et leurs beaux-arts, fut accordée à leurs sciences, que l'on regarda comme achevées. Dès-lors, les recherches et l'esprit d'examen s'arrêtèrent; on n'observa plus, on crut; ce fut un culte. Si l'on différait, c'était sur les commentaires: les disputes étaient ardentes, vétilleuses, et interminables, parce qu'on n'en appelait point aux faits, qui seuls auraient pu éclairer et rallier. Cette soumission irréfléchie est peu favorable au progrès de l'esprit humain, et surtout aux sciences, qui ne se perfectionnent que par le temps, le hasard et l'observation. Il fallut des siècles pour que l'on vînt à douter de l'infaillibilité antique; et quand on douta, il fallut encore perdre bien du temps pour réparer le temps perdu. Nous savons tous combien opiniâtres sont les préjugés dont on a enveloppé notre enfance; comment ils exercent, à notre insu, et sur toutes choses, une action continue, involontaire, qui surprend nos jugemens. De grandes réformes ont eu lieu; mais la révision n'a pas été faite sur tous les points : il reste encore de nombreuses erreurs, surtout dans la jurisprudence et le gouvernement.

J'entreprends de démontrer dans ces pages, que l'*aristocratie* et la *démocratie* qui formaient des divisions véritables dans les États de l'antiquité et du moyen âge, ne subsistent plus aujourd'hui en France; et j'indique le but vers lequel doit tendre tout gouvernement qui désire de la durée pour lui, et de la prospérité pour les gouvernés.

Les anciens ne manquaient pas de constitutions. Aristote, voulant écrire sur le gouvernement, recueillit la plupart de celles de la Grèce, pour en observer la composition, le mouvement et les résultats : il en avait plusieurs centaines, sans cependant les avoir toutes. Chaque ville presque avait la sienne, et pouvait se vanter d'avoir donné le jour à quelques législateurs. Imaginer un gouvernement était alors la manie de bien des esprits : on travaillait sur les peuples comme sur une matière inerte, et ce qu'il y a de plus remarquable, c'est que ces peuples débonnaires s'y pliaient, et se laissaient arranger avec autant de docilité et de patience que ces soldats de plomb dont on se sert pour figurer des manœuvres militaires. Encore quelques perfectionnemens, et chaque homme eût eu en propre son petit gouvernement fait par un autre, qui l'aurait rendu bien vain, bien malheureux, bien ennemi de tout autre homme. La philosophie vint suppléer à ce manquement des législateurs ; les villes étaient ennemies par leurs constitutions, les citoyens le devinrent par la philosophie, qui les divisa en écoles, en sectes. La discorde planait en riant sur les villes et sur les peuples de la Grèce.

On ne reprochera pas, j'espère, à ces antiques législateurs, les fautes que l'on reprend chaque jour chez nos modernes publicistes : de n'avoir point consulté les habitudes, les mœurs; d'avoir confondu ce qui était distinct, soumis à des institutions pareilles des caractères différens. Ces graves réformateurs méditèrent longuement; ils visitèrent l'Egypte et l'Asie, et de retour chez les Grecs, ils n'y apparurent que comme des hommes mystérieux, initiés aux secrets profonds de la nature, et placés sous l'influence d'une divinité tutélaire qui les inspirait de son esprit. Ce fut bien alors qu'ils purent hardiment se livrer à leurs imaginations, et ils n'eurent garde d'y manquer. Ils épuisèrent toutes les combinaisons; le gouvernement se montra sous toutes les formes; mais qui le croirait? Dans cette multitude de constitutions, pas une seule capable de rendre un peuple heureux; toutes propres au contraire à rendre les Grecs ennemis les uns des autres.

Me persuadera-t-on que les Grecs ne pussent être liés par un intérêt commun ? que des institutions si diverses fussent nécessitées par la dissemblance des caractères, par la divergence dans les vues ? Des animosités ne sont-elles pas nées de ces institutions mêmes ? Ne tendaient-elles pas à séparer autant qu'à unir ?

Si la Grèce n'eût pas été ainsi lacérée de constitutions, elle eût pu vivre heureuse et paisible; mais dans cet état d'isolement, il n'y avait pour chaque ville aucune chance de bonheur.

Plus tard, quand la Grèce affaiblie par tant de divisions, eut à craindre de puissans ennemis, elle forma des assemblées, des ligues, au moyen desquelles elle put respirer quelque temps, et sentir qu'il ne lui avait manqué que cette union pour être toujours tranquille et florissante.

Il faut en convenir; une fois ces séparations faites, leurs législateurs n'étaient pas dans un petit embarras pour rendre heureuse la ville qui leur demandait des lois. S'il était possible de faire une bonne constitution pour la Perse ou pour la Grèce unie, il ne l'était pas pour Sparte ou pour Athènes.

Presque tous ces législateurs recommandent le travail et se plaignent de la richesse. Il semble qu'il y ait là une contradiction, parce que la richesse est fille du travail, et qu'on ne pouvait pas demander la cause et rejeter l'effet. Cette contradiction était difficile à éviter.

« La haine réciproque des riches et des pau-
» vres, cette maladie éternelle des républiques
» de la Grèce, n'a pas cessé de déchirer ma pa-
» trie, » disait un Sicyonien. En effet, dans tous les gouvernemens de la Grèce, qu'ils soient aristocratiques ou démocratiques, ce que l'on voit apparaître, ce que l'on ne peut apaiser, c'est la querelle de la richesse et de la pauvreté. Les riches et les pauvres étaient deux ennemis toujours en présence, ils s'observaient sans cesse d'un œil inquiet, comme deux lutteurs dans l'arène prêts à se frapper. Rarement goûtaient-ils le repos, la sécurité, jamais.

La haine venait de ce que les pauvres n'avaient rien, et voulaient avoir; de ce que les riches avaient, et voulaient garder. Voilà ce que leurs législateurs ont vu, à quoi ils croyaient remédier en commandant le travail d'un côté, et le mépris de la richesse de l'autre.

Ils sentaient bien l'impossibilité de contenir une populace désœuvrée, et ils lui ordonnaient le travail pour l'occuper, pour la distraire, ardente qu'elle était après la fortune du riche. Un fil peut conduire un peuple laborieux; mais une chaîne de fer ne contiendrait pas un peuple inoccupé. En inspirant le mépris de la fortune et l'amour de la pauvreté, et en donnant l'exemple, ils rendaient ou du moins s'efforçaient de rendre le peuple moins mécontent de son état. Ils croyaient rendre aussi le riche moins dur, plus disposé à partager une portion de ses biens; mais le riche était sourd à ces insinuations. Il n'est pas dans la nature de se dessaisir sans échange de ce qui nous est un bien : les législateurs entreprenaient trop; ce désintéressement qu'ils voulaient inspirer ne pouvait venir par exhortation. Lycurgue qui l'établit par violence autant que par adresse, fut obligé d'isoler ses Spartiates, et au premier contact de la richesse, ils en furent vaincus.

Les riches étaient sourds; le peuple ne l'était pas : il travaillait, mais sans arriver à aucun bien-être. Il n'était guères possible de faire fortune par l'industrie ou même par le commerce. A Athènes, la cité la plus commerçante de la Grèce, il y avait peu de fortunes commerciales; dans cette Grèce morcelée, toujours en querelles, les débouchés manquaient pour les produits du travail : le marché ne s'étendait pas au-delà des environs de la ville où ces produits naissaient. Le travail n'offrait donc que de la fatigue et point de profit. Supposez toutes les relations bornées à une de nos villes et à ses entours, vous aurez à peu près une idée du commerce des Grecs. Le travail ne pouvait être actif et durable : il naissait et ne pouvait se développer. Le peuple, après avoir travaillé, se trouvait condamné à une inaction involontaire. Voilà ce que les législateurs n'ont pas senti : que le travail qu'ils recommandaient était comprimé dans un cercle trop étroit, qu'il devait être souvent suspendu, arrêté. Loin de reconnaître quel remède était convenable, on les voit dans toute occasion conspirer contre l'agrandissement d'une autre ville, agrandissement qui eût facilité les échanges, permis l'extension du travail et de la richesse à tous. Ils préfèrent bien plutôt leur funeste autonomie. Vaincus, c'est ce qu'ils réclament d'abord, résolus de tout risquer plutôt que de la perdre : ils n'entreront en aucune composition, ils périront ou se laisseront vendre, si elle ne leur est assurée : tant ils avaient en horreur leur seul moyen de salut.

Il n'y avait donc de richesse que la richesse foncière, et par les conjonctures il ne pouvait s'en créer de mobilière.

Une fois la propriété foncière distribuée, une partie de la nation restait constamment riche, l'autre constamment pauvre.

La classe riche était *l'aristocratie*, et jamais il n'y eut *d'aristocratie* solide sans richesse foncière.

La classe pauvre était la *démocratie*.

Ces dénominations *d'aristocratie* et de *démocratie* étaient justes, et représentaient un état positif de la société. Mais aujourd'hui en France, il n'y a plus *d'aristocratie* ni de *démocratie* : on verra pourquoi. Les dénominations seules subsistent; l'état social qu'elles représentaient ne subsiste plus.

Puissance accompagne toujours richesse. Aussi *l'aristocratie*, maîtresse des richesses, le fût-elle de la puissance : elle eut le gouvernement.

La *démocratie* était dans un état misérable, loin de la richesse; car riche, elle eût eu part aux avantages de *l'aristocratie* Plus l'intervalle entre les richesses de l'aristocratie et de la démocratie était grand, plus le gouvernement aristocratique était ferme; il s'affaiblissait si les fortunes se rapprochaient : Sparte tint plus ferme qu'Athènes. Les Spartiates avaient tout, les ilotes rien.

On n'a pas bien jugé du gouvernement de Sparte. *L'aristocratie* véritable à Sparte était les Spartiates, et la *démocratie* était les ilotes. Le gouvernement féodal avait les plus grands rapports avec celui de Sparte. Deux grandes divisions fortement exprimées; une aristocratie serrée, nombreuse et armée. Les différences ne consistent pas dans de vaines formes, mais dans le fond. Il y avait, dis-je, les plus grands rapports entre le gouvernement de Sparte et le gouvernement féodal; mais bien plus vigoureux était le féodal. Ses frontières n'étaient pas si rapprochées; l'inégalité de richesses dans l'aristocratie n'y entraînait pas la dissolution du gouvernement. L'influence des grands personnages, si active et si redoutable dans une enceinte étroite, si capable de tout brouiller et de tout confondre, se perdait sur une aussi vaste étendue. Les rois eux-mêmes n'étaient guère hors du pays : *primi inter pares*. Le gouvernement féodal ne craignait point le contact, n'avait pas besoin de s'isoler. Aussi a-t-il été plus durable et meilleur que tous ceux qui l'ont précédé.

La différence de fortune amena *l'aristocratie*, et *l'aristocratie* créa la distinction de naissance. Fortune et naissance se confondaient dans l'origine, et la considération s'y portait aussi bien que le pouvoir. Ces biens sont doux à posséder; on les voulut éternellement. Mais comment les garder? la fortune est fugitive, la naissance immuable. On tenta donc de les asseoir sur la naissance, qui est stable, plutôt que sur la fortune, qui échappe. On dépouillait la fortune de son privilége, comme s'il était au pouvoir des hommes de l'en dépouiller, pour le donner en partage à la naissance à laquelle il est étranger. On établit ainsi une lutte entre les prétentions d'un côté et le pouvoir de l'autre. L'orgueil humain se mit en quête, et créa des institutions conformes au système qu'il avait conçu : mais l'édifice sans fondemens assurés, s'écroula, comme l'amphithéâtre de Fidènes, et écrasa dans sa chute les malheureux qui se croyaient assurés sous ses abris.

Qu'on ne s'y trompe point; ce n'est pas sur la naissance, qui est vaine, qu'on peut asseoir une ferme *aristocratie*. Otez-lui la richesse, et vous verrez à quoi vous la réduirez! L'origine des hommes est la même, également ancienne, et si des noms se sont conservés plus brillans, c'est que la fortune leur a été plus fidèle.

Quoique *l'aristocratie* ait voulu s'appuyer sur la naissance, elle ne quitta pas la fortune. L'influence de la fortune n'échappa point à ses regards. Que d'efforts, que de lois pour la conserver exclusivement en ses mains! L'alliance des nobles entre eux, le mépris des plébéiens, la défense à ceux-ci d'acheter des terres, sous peine d'en être dépouillés sans dédommagement par les héritiers du vendeur, même après plusieurs générations : les majorats, les substitutions, les droits d'aînesse, l'exemption des charges publiques, l'industrie confinée chez les esclaves et les serfs, mais au profit des maitres; enfin, une organisation telle que la fortune ne pouvait sortir de *l'aristocratie*, ni entrer dans la *démocratie*.

Un tel état de choses était violent; aussi donnait-il lieu à de sanglans débats. Le peuple ne pouvant perdre qu'une vie importune, se portait à la révolte; il conquérait le pouvoir; mais brutal, imprévoyant, il le perdait par ses inconséquences, ses excès, ses fureurs.

Il y avait à gagner à laisser le pouvoir aux grands. Adoucis par l'éducation et les jouissances de la vie, ils en usaient avec plus d'adresse et de modération qu'une multitude aveugle et furieuse. Delà les éloges et la préférence donnés par les publicistes aux gouvernemens aristocratiques.

Plusieurs choses concoururent à la décadence de *l'aristocratie*; mais c'est au commerce, et, par commerce, j'entends toute espèce d'industrie, c'est au commerce qu'elle a dû sa chute. Telle est la nature indépendante du commerce, qu'il ne saurait souffrir une *aristocratie* exclusive : la prospérité de l'un fait l'abaissement de l'autre.

Dans les temps anciens, il y avait peu d'industrie; les moyens de transport et d'échange étaient lents et difficiles, les peuples séparés et ennemis, la navigation peu perfectionnée, par conséquent les fortunes commerciales rares, de peu d'importance, et sans danger pour l'aristocratie. La propriété mobilière, devenue si puissante chez les modernes, était alors bien peu de chose.

Dans le moyen âge, le commerce vint au monde, pour ainsi dire. Que son enfance fut difficile! que d'extorsions et de violences! Il serait mort s'il eût dû mourir. Mais né d'un penchant commun à l'humanité, celui *d'améliorer son sort*, il subsista, et finit par subjuguer ses superbes ennemis. Le monde est désormais commerçant; le commerce est le lien de la société auparavant désunie, et ceux qui l'outragent sont ses propres soutiens, car ils achètent et vendent.

Le commerce fut un moyen d'acquérir la richesse par une autre voie que la possession des terres. Puissance accompagne richesse, avons-nous dit. Il se forma donc une puissance nouvelle, inconnue. Elle devint forte, car elle appela le concours de tous. Elle restera forte, car elle hait les exclusions, ne lance d'anathême contre personne. Chacun peut participer au bien-être qu'elle donne, et s'asseoir, pour ainsi parler, à sa table. Elle ne saurait exciter la défiance ni les jalousies, parce que de sa nature étant mobile et changeante, elle n'est pas propre à former une aristocratie exclusive, ni à organiser une oppression quelconque.

Je dis donc que maintenant que le commerce a reçu ces vastes développemens, il n'y a plus *d'aristocratie;* que la fortune n'est plus tout d'un côté; qu'elle parcourt tous les rangs de la société; qu'elle n'en affectionne aucun particulièrement; mais qu'elle court à l'homme actif, intelligent et économe; qu'en se donnant, elle apporte avec elle sa dot, la puissance. Qui que vous soyez, propriétaire foncier ou commerçant, êtes-vous riche, vous êtes puissant.

S'il n'y a point *d'aristocratie*, il n'y a point non plus de *démocratie*. Le commerce avait frappé celle-ci avant l'autre; car s'il a neutralisé la puissance foncière, il n'a pu en venir à bout qu'en plaçant à côté d'elle la richesse mobilière; et il n'a pu obtenir cette richesse qu'en substituant le travail à l'oisiveté, en employant utilement des hommes non employés ou mal employés, en revivifiant les parties mortes de la société, en faisant tourner à son avantage les élémens de la *démocratie*.

Il n'y a donc plus de *démocratie*, parce qu'il

n'y a plus de classe condamnée à la pauvreté, au désœuvrement, à qui l'on soit obligé de fournir *le pain et les jeux;* dont l'approvisionnement difficile soit pour le gouvernement l'objet d'un souci et d'un danger continuels. « La » faim, dit Franklin, regarde à la porte de » l'homme laborieux, mais n'oserait y entrer. » Aussi les classes ouvrières savent-elles bien vivre sans rien demander à personne : ces classes se composent d'hommes qui n'attendent leur subsistance que de leur travail. Ils ne demandent au gouvernement que de ne pas troubler, par des lois injustes et barbares, les sources pures où ils vont puiser leur nourriture et leur entretien. Ne craignez point qu'ils se portent en tumulte sur la place publique. Voyez-les plutôt gagner paisiblement, avant l'aube, le lieu de leurs travaux : ils ne les suspendent quelques instans que pour reprendre de nouvelles forces, pour recommencer leur tâche pénible et continue. Que si quelquefois vous entendez des cris, ce ne sont pas ceux de la sédition, mais bien de la gaîté hebdomadaire. Pourquoi se révolteraient-ils? Leurs bras laborieux leur donnent de la sécurité pour aujourd'hui et pour demain. Est-il rien de plus innocent, rien de mieux ordonné? Mais ne troublez pas, vous dis-je, cet ordre; car sans capitaux accumulés, sans subsistance assurée, si cette classe n'obtenait des ressources de son travail du jour, elle en chercherait dans son désespoir. Comme l'abeille offensée, ils refuseraient le miel, et s'armeraient de cuisans aiguillons.

Voilà le caractère de la dernière des classes inférieures, classe qui nous donne et bien-être et richesse. Si nous montons un peu plus haut, nous trouverons celle des petits marchands. L'ordre, l'économie, y sont rigoureusement en pratique. Plus haut encore, des affaires plus étendues réclament des soins plus vigilans et des connaissances plus vastes. Ce n'est pas par là que le désordre peut entrer.

L'*aristocratie* et la *démocratie* n'ont donc plus d'existence réelle; cette division est purement imaginaire. L'ouvrier, par la fortune, s'élève à la puissance; le grand, en perdant la fortune, devient ouvrier ou mendiant, ce qu'il aime mieux. C'est un tableau toujours mouvant, c'est une hausse et une baisse sans fin. La richesse n'étant plus et ne pouvant plus rester permanente dans un corps, la puissance ne saurait l'être.

Le gouvernement ne doit donc plus se déterminer par cette double vue : maintenir la balance entre l'*aristocratie* et la *démocratie*. Ce serait embarrasser sa marche, aller sans but, ne satisfaire personne, et s'appuyer sur rien. Se conduire à l'égard de ce qui n'est pas comme à l'égard de ce qui est, c'est une dangereuse vision; s'entourer d'insidieux prestiges, c'est se créer de véritables obstacles.

On n'a plus affaire à une nation divisée. Elle est unie par les mêmes besoins, par les mêmes vœux : *améliorer son sort*. Ce sort autrefois ne pouvait être amélioré par des aristocrates exclusifs ni par des démocrates fainéans : mais aujourd'hui il peut l'être par les agriculteurs, les capitalistes, les ouvriers de toute sorte, les fabricans, les commerçans.

Voilà la grande différence entre les états anciens et les sociétés modernes : l'absence de l'industrie chez les uns, et sa présence chez les autres. Les états anciens ne pouvaient arriver qu'à un degré de bien-être très-borné. La richesse, puisqu'elle ne pouvait être accrue par l'industrie, était une quantité constante que les grands se réservaient, et que le peuple convoitait : comme il n'était point admis au partage des biens du dedans, son sort ne pouvait être amélioré que par la conquête des biens du dehors. Pour calmer sa jalousie, pour éviter à l'intérieur des troubles dangereux, on le poussait à la guerre. On lâchait le peuple comme une bête féroce; il se plaisait à un carnage d'où il sortait chargé de dépouilles. Tout, jusqu'à la personne du vaincu, faisait partie du butin. L'innocence, la beauté, le génie, tombaient aux mains d'un barbare soldat : les dépouilles étaient bientôt épuisées, et l'on recommençait de nouveau ces scènes d'extermination. Hâtons-nous de reposer nos regards sur les sociétés modernes : là, les institutions plus conformes à la nature de l'homme, lui permettent de se livrer à ce qui peut adoucir sa pénible vie : les travaux utiles ne sont plus réputés honteux; les liens de la famille et ceux de l'humanité ne sont point rompus par un patriotisme farouche et inhumain. L'union de la société ne repose point sur un dévouement surnaturel, impossible à ses membres; son avancement, au contraire, repose sur la *personnalité*, base solide et éternelle. La société ne dit pas : sacrifie-toi pour les autres; elle dit seulement : Ne sacrifie pas les autres.

Oui, l'homme peut maintenant faire tout pour lui-même; il n'y a de terme au bonheur de l'homme que celui que la Providence a mis à ses moyens.

DE L'IMPORTANCE

DU TRAVAIL.

Je crois avoir démontré, qu'aujourd'hui, en France, il n'y a plus d'aristocratie ni de démocratie, qu'il n'en reste que des simulacres, des noms; que les priviléges de l'aristocratie ne sauraient plus se soutenir à côté de la puissance du commerce; et qu'il faudrait, pour que la démocratie s'établît, que la société préférât le désordre à l'ordre, la guerre à la paix, la fatigue au plaisir, le malheur au bien-être.

J'ai dit que j'indiquerais le but vers lequel doit tendre tout gouvernement qui désire de la durée pour lui et de la prospérité pour les gouvernés.

Il me semble que je vois ce but d'une pleine vue : j'ai la ferme persuasion qu'il est le véritable, qu'il y faut marcher par une route droite, que toute autre, pleine d'écueils, ne doit pas seulement égarer, mais perdre l'imprudent ou le présomptueux qui la voudrait tenter.

L'on a dû prendre en pitié les sociétés antiques, quand on a lu combien multipliés et combien vains ont été leurs efforts pour se soustraire aux maux qui les pressaient. Qu'ils mettent la propriété tout d'un côté, ou la répartissent également; qu'ils créent magistrature sur magistrature, qu'ils se tourmentent en tout sens, un mal secret, incessamment les obsède, qui ne leur laisse aucun repos. Au lieu d'écouter la nature, de la suivre, d'y conformer leurs institutions, ils la violentent impitoyablement; comme si l'œuvre des législateurs valait mieux que celle de Dieu, leur génie, que la suprême intelligence. Je l'avouerai; Lycurgue réformant les Spartiates, de la manière dont il s'y prend, ne me semble pas plus sensé que Diogènes nu étreignant l'hiver une statue de marbre. L'homme les offusque comme il est fait. Tous deux mécontens veulent le corriger et le changer. Mais la nature se rira de leur présomptueuse entreprise. Vos combinaisons, que vous avez pris tant de peines à concerter,

Lycurgue, se déconcerteront; votre philosophie, Diogènes, sera moquée de la plus reculée postérité. La nature, que tous deux vous avez voulu étouffer, reparaîtra, et l'homme, dégagé de vos sévérités excessives, ira vers le bonheur, sans affectation, par une route commode et sûre.

D'impraticables théories, ennemies de tout bien et de toute civilisation, ne doivent plus gouverner l'homme. Son humeur ne serait point assez complaisante pour se plier à des songes creux. Il lui faut un bien-être non factice, mais réel, conforme à sa nature, non accommodé au goût des autres, mais au sien; il le veut, s'indignant et triomphant de tout obstacle contraire.

Si l'absence de l'industrie fut la cause de tous les maux chez les anciens, sa présence doit être le remède de ces maux, et la source de tous les biens chez les modernes.

Si l'*oisiveté* est mère de tout vice, le *travail* doit être père de toute vertu.

Encourager le *travail*, doit donc être le but du gouvernement; le *travail* doit être son point de mire; il y doit toujours viser, sous peine de perdre s'il ne touche pas. Que le travail soit donc l'objet de ses soins non interrompus, et que tout ce qui tendrait à l'en séparer ou à l'en distraire, lui soit en haine et en mépris.

Plus *d'aristocratie* ni de *démocratie*, cela n'existe pas ! puis-je assez le redire ? Mais les laborieux et les fainéans *volontaires*, car il n'y en a plus d'autres ; voilà la distinction véritable, la nécessaire, l'indispensable classification.

Que le Gouvernement ne s'effraye pas de sa tâche. Quand je lui dis d'encourager le travail, je ne lui donne pas grande besogne à faire; qu'il n'y nuise pas, c'est tout ce que j'ai voulu dire. L'homme est désireux d'arriver au bien-être, et sait en chercher et en trouver les moyens : chaque individu voit clair à se conduire dans cette affaire; son œil toujours ouvert l'avertit du plus petit jour que lui présente la fortune, et il n'y a guères d'homme qui n'entende mieux ses intérêts privés, que le ministre le plus habile les intérêts d'autrui. Ne permettez donc plus à un ministre de diriger le travail social; son intelligence, quelque vaste qu'elle soit, ne saurait être égale à la masse des intelligences; ni sa vue, quelque active et étendue qu'on la suppose, embrasser d'un regard les points infinis où se dirigent sans peine les vues particulières.

Il lui faudra plus de peine pour défendre les abeilles des frélons, les laborieux des fainéans. Là, à vrai dire, se borneront tous ses soins, et ils ne seront pas excessifs. Les désœuvrés ne dominent plus dans la société; s'ils y dominaient, il y aurait *démocratie* comme dans l'antiquité; mais le nombre en est petit; tous ne sortent pas des classes inférieures, des mendians, quelques voleurs peut-être! mais les intrigans, les ambitieux viennent d'ailleurs; il faut infliger aux uns des corrections, aux autres des mépris; les poursuivre, soit qu'ils se montrent dans les rues, ou qu'ils pénètrent dans les palais. Par cette persécution, vous rendrez l'oisiveté odieuse, le travail vénérable; vous ferez disparaître de la société jusqu'à la trace des crimes qui l'affligent encore. Quelque perversité que vous supposiez à l'homme, il ne se rend guères coupable que quand il est dans le besoin, pressé, comme dit Homère, par la faim indomptable. Le travail chassera la faim conseillère du crime; vous changerez ainsi en hommes utiles les hommes dangereux; cette amélioration sera due au travail, qui est *la morale du peuple*, la seule à son usage.

Je l'oserai dire : ce n'est point par les idées religieuses que l'on peut établir une morale populaire. La majesté des cieux, leur divine harmonie, la haute intelligence qui ordonna l'univers, cette même intelligence présidant au monde intellectuel, plus secret, mais non moins admirable que l'autre, ont peu de prises sur les âmes communes. Leurs appétits grossiers ne se portent point à de si sublimes admirations. Elles restent dans une froide indifférence de ces merveilles, et si quelques-unes sont touchées, c'est bien moins par la magnificence des œuvres divines, par la promesse de délices éternelles, infinies, mais vagues, que par la crainte de supplices sans terme pour la durée, sans mesure pour la violence.

« Les maximes évangéliques et sévères, dit
» Pascal, sont propres pour gouverner quel-
» ques sortes de personnes ; mais ces mêmes
» maximes ne s'accordent pas au dessein de la
» plupart des gens. »

Quelques esprits, il est vrai, que des spéculations nobles et désintéressées élèvent au-dessus d'eux-mêmes, peuvent, pour ainsi dire, avoir commerce avec le ciel ; mais je ne sache point de nation chez qui, dans aucun temps, la seule religion ait suffi pour établir la morale. Les dieux toujours sont survenus comme auxiliaires; que l'on ne considère point comme impie ce que je vais dire : si leur culte n'eût été accompagné et soutenu d'institutions plus en rapport avec les besoins et la grossièreté de l'homme, ce culte eût été vain. De fausses religions feraient-elles ce que n'a pu la véritable ? Que l'on regarde les contrées où le christianisme semble régner plus pur, mais où les gouvernemens imprévoyans ont négligé de le soutenir d'institutions moins disproportionnées à notre faiblesse; elles sont en proie à tous les vices; la paresse, la fausseté, la superstition y sont implantées : nulle part la pudeur ne reçoit plus d'outrages; le vol y demeure, l'empire y est à toutes les dissolutions. Qu'ai-je besoin de nommer l'Espagne, le Portugal, l'Italie ? chacun l'a fait.

Si vous regardez, au contraire, d'autres pays où le culte est moins épuré, vous les voyez pourtant plus exempts de ces vices : c'est que l'on y travaille.

J'ai souvent entendu attribuer à la religion les fautes des hommes, et accuser celle-ci de désordres qui lui étaient étrangers, désordres qui ne provenaient que de l'absence du travail. Si vous voulez rendre la religion sainte aux yeux de tous, il faut la seconder d'autres institutions, et prendre garde qu'à côté d'elle ne viennent s'établir les passions les moins honorables du cœur humain.

Puisque « les maximes évangéliques et sé- » vères ne s'accordent pas au dessein de la » plupart des gens, » ce n'est point par la religion que la morale s'introduira dans le cœur des peuples. Il faut chercher à la morale d'autres appuis, ou s'attendre à la voir défaillir et mourir, et les désordres de toute sorte tomber pêle-mêle sur le monde. Mais ces appuis, quels seront-ils? quand la religion, trop éloignée de l'homme; quand l'éducation, encore imparfaite, n'en peuvent servir, qui en servira? le travail. Si la morale existe, il la préservera de la décadence; il la fera naître, si elle n'existe pas.

Ne croyez pas que parce que l'homme ne peut être gouverné par des maximes si hautes que les maximes évangéliques, il soit sans guide abandonné sur la terre. S'il échappe à la religion, il n'échappera pas au *besoin;* la Providence, qui a voulu s'assurer de lui, a mis le besoin dans le sein de l'homme; ce besoin l'avertira, n'en doutez pas, et le forcera de suivre la route qui fut tracée par une main habile.

Le besoin le contraint au travail, il y va de sa vie : le travail est donc naturel à l'homme. Mais le travail à faire peut être fait rarement par un seul individu; il faut le concours d'autres individus; la société est donc naturelle à l'homme. De ce concours dans le travail sortent des satisfactions nombreuses; des jouissances infinies, qui, sans ce concours, n'auraient pas été obtenues. Pouvons-nous aimer ces jouissances, sans aimer ceux à qui nous les devons? L'homme, de par la nature, est donc ami fidèle de l'homme, ami inséparable. Que si le concours est plus grand, plus grands seront les avantages, plus multipliées les jouissances.

Mais l'homme dessert l'homme, et des nations combattent des nations; c'est un déréglement, une folie, auxquels je ne saurais trouver de fondement raisonnable.

L'homme est utile à l'homme, par conséquent les hommes aux hommes, les nations aux nations. De même que les individus ont des productions ou des industries qui leur sont propres, dont l'échange fait l'aisance sociale et est favorable à tous, de même les nations. Elles ont leurs productions et leurs industries particulières, dont l'échange n'est guères moins avantageux que les échanges individuels. Si le besoin d'union pour les nations n'est pas aussi fortement senti que pour les individus, c'est que de leur rupture ne sortent pas des inconvéniens aussi graves et aussi palpables. Pourtant elles ne se brouillent pas impunément, ni sans se soumettre parfois à une dure gêne, toujours à de pénibles privations. Un individu, sans le secours d'autres individus, serait bientôt réduit à un état misérable; mais dans chaque société civilisée, l'homme est dans une telle abondance de biens, que plusieurs peuvent lui manquer sans le réduire à cet état misérable. Ce que nous tenons des autres nations, c'est rarement les choses de première nécessité; ce sont communément des objets propres à satisfaire des jouissances plutôt que des besoins, contre lesquels nous donnons en retour de quoi satisfaire d'autres jouissances. Quand la guerre vient à éclater, ce que nous vendions, nous le gardons;

ce que nous achetions, nous en sommes privés; nous avons d'une chose au-delà de la mesure, de l'autre en-deçà de la mesure. Ce que nous vendions, que nous gardons maintenant, n'est pas une jouissance; nous n'en vendions que le superflu; mais en le changeant contre des choses que nous n'avions pas, il nous faisait obtenir de nouvelles jouissances. Par cette guerre, nous n'avons rien gagné en gardant un superflu inutile, et nous avons perdu les jouissances que ce superflu nous procurait par l'échange. Les guerres nationales sont donc un mal; elles sont donc contraires à nos intérêts; elles rétrécissent le cercle de nos jouissances.

Les querelles individuelles sont fâcheuses, en ce qu'elles délaissent un homme à ses seules forces : les guerres, en ce qu'elles ramènent les nations vers la faiblesse individuelle; relativement à notre bonheur particulier, les guerres civiles sont plus funestes que les guerres étrangères, les querelles individuelles plus funestes que les guerres civiles.

Les individus et les nations plus éclairés, loin des puériles jalousies qui leur ont été si fatales, voudront donc vivre en paix, puisque la paix leur est un bien, et la guerre une privation de jouissances. Je l'attends cette grande réconciliation; et pour l'obtenir, je ne compte pas sur la vertu humaine; j'aime mieux m'en fier à l'intérêt. L'*intérêt* fera ce que la religion elle-même n'a pu faire, puisqu'elle ne l'a pas fait à une époque où elle était plus uniforme, plus générale, plus puissante. D'ailleurs, comment l'aurait-elle fait? Il n'y avait pas qu'une seule religion; il y en a toujours eu plusieurs, différant entre elles, et beaucoup. Pour que les religions rapprochassent les hommes, il faudrait d'abord qu'elles se rapprochassent elles-mêmes et se confondissent en une seule. Toutes se flattant d'une céleste origine, et considérant les autres comme d'institution humaine, n'iront pas condescendre à la soumission; du moins je n'en vois pas le moyen facile, ni l'époque rapprochée; elles me semblent, au contraire, devoir encore long-temps diviser les hommes plutôt que les unir. Ne comptons donc pas sur la religion pour la prochaine alliance de l'univers; comptons sur l'intérêt, cela est plus sûr.

Tous les hommes de tous les pays ont, nous l'avons vu, intérêt à bien vivre ensemble; leur bien-être, leurs jouissances plus commodes, plus variées, moins coûteuses, en dépendent. Il n'est pas mal-aisé de le comprendre ; les plus grossiers y parviendraient. Les échanges seront le moyen d'union ; le commerce fera ce qui n'a pu être fait encore ; le commerce nous rend utile le travail de l'Indien à quatre mille lieues de nous ; il nous apporte, sous mille formes, les agréables produits de cette antique péninsule ; il y porte en retour ceux de notre industrie et de notre continent. A ces distances infinies, les nations se connaissant par des bienfaits, doivent être disposées à la concorde, et peuvent être enchaînées par la reconnaissance. En serait-il autrement de celles qui sont voisines, quand leur intérêt les en presse davantage ?

Quel spectacle pour la postérité que l'univers ami ! Que les hommes d'alors nous trouveront insensés ! Que nos grands hommes d'état leur paraîtront ridicules ! et qu'ils auront en pitié l'aveuglement de leurs pères, qui se condamnaient volontairement à tant de maux faciles à éviter, pour s'imposer la privation de tant de biens que la nature bonne et libérale leur offrait à pleines mains !

Le travail est un grand bienfaiteur : s'il est

la source de la morale; s'il unit, par un intérêt commun, les hommes entre eux et les nations entre elles; il rend encore d'autres services : l'on a pu voir déjà que de lui découle la richesse.

C'est en vain que les philosophes de l'antiquité, et leurs copistes modernes, se sont évertués contre la richesse : on aura beau décrier l'argent, tant qu'il procurera les nécessités et les aisances de la vie, l'argent sera trouvé bon; et parmi ceux qui le traitent avec le plus d'aigreur, il en est bien peu dont il n'adoucit l'honneur farouche ; la poésie le méprise, mais non le poëte.

Comment en serait-il autrement? L'homme n'est-il pas un être sensible? ne recherche-t-il pas toujours ce qui lui causera d'agréables sensations, et lui en assurera la durée? Ne préférera-t-il pas un vêtement commode à des haillons, une maison bien close à une cabane ouverte à tout vent, une chère nourrissante à des mets grossiers? Mais il ne s'arrêtera pas là : ses vêtemens lui seront une agréable parure ; tous les arts embelliront sa demeure; des mets variés et nombreux, des vins parfumés, des liqueurs exquises, couronneront ses tables et inviteront ses amis; des jardins vastes et magnifiques, des arbustes nés sous d'autres climats récréront ses yeux; à l'abri des intempéries de l'air, dans une voiture légère, il franchira, avec la rapidité de l'éclair, les plus longues distances. Quel luxe, dites-vous! n'est-ce pas insulter à la pauvreté? Travaillez, vous ne serez plus pauvre; quant à ce luxe, il vous est utile; c'est cet excédant qui vous assure la suffisance. Taisez-vous donc, déclamateurs sonores, moralistes imprudens, vous pouvez mentir à votre conscience, mais vous ne changerez point la nature et ne nous abuserez pas.

Les hommes ont tout défendu et tout accusé: la richesse, qui mérite le plus d'estime, a excité le plus d'attaques. Si vous doutez que la richesse soit un bien, demandez-le à ceux qui la possèdent; ceux qui ne l'ont pas vous le sauront mieux dire encore. C'est le travail qui fait naître la richesse; c'est l'économie qui la conserve; elle doit le jour à une vertu, et sa durée à une vertu encore. Dans son principe et dans sa suite elle est respectable.

Cela ne répond-il pas à toutes les folles accusations dont elle est l'objet? On dit que c'est la richesse qui est la source de toute corruption; et moi je vous dis qu'elle est l'unique sauve-garde contre la corruption. Qui travaille ne fait pas mal; et qui a travaillé, ou autrement qui a du bien-être et de la richesse, n'a pas besoin de mal faire. Sans doute il est des riches dépravés, mais combien plus de pauvres.

On est porté à croire que les nations pauvres ont moins de vices que les nations riches; la population y est moins nombreuse, les hommes y sont moins rapprochés, on est moins averti de ce qui s'y passe; et parce que les vices y agissent en silence, on suppose qu'ils n'y agissent pas.

La richesse et la morale sont sœurs : conçues ensemble dans le sein du travail, elles restent encore par la suite à jamais unies. Leur union est si étroite, que vous pouvez toujours juger de la morale d'un peuple par sa richesse, et de sa richesse par sa morale. La morale y est en vigueur si la richesse augmente; elle dégénère si la richesse déchoit. Quand cette observation ne souffre aucune exception, niera-t-on son exactitude, et se refusera-t-on à son évidence? Ne verra-t-on pas que la morale et la richesse sont inséparables, et qu'il faut les embrasser et les confondre dans une même idée ?

Si nous sommes aujourd'hui plus riches qu'il y a vingt-cinq ans, malgré des guerres ruineuses, c'est que l'on travaille plus qu'il y a vingt-cinq ans, que nous sommes plus moraux qu'on ne l'était il y a vingt-cinq ans. Cela contrarie bien des esprits, mais n'en est pas moins véritable.

C'est une habitude antique, et un témoignage manifeste de l'affaiblissement des facultés de l'homme, que le décri du temps présent en faveur des temps passés. De génération en génération le vieillard calomnie ses jeunes contemporains : il n'en est aucun qui ne parle d'un meilleur état des mœurs; mais à quelle époque assigner cette morale délicate et excellente? Mon père la faisait remonter à sa jeunesse, mais ne se trompait-il point? Car mon aïeul était choqué de l'immoralité des jeunes hommes à ses vieux jours; et lui-même n'était-il point dans l'erreur? car je vois que plusieurs siècles avant, le chancelier de l'Hospital se plaint amèrement de la dépravation du sien, qui ne lui offre plus la probité de l'âge précédent. Qui n'est que parricide en nos jours, et sacrilége, dit Montaigne, il est homme de bien et d'honneur. Serait-il vrai que l'homme souffrît cette étrange corruption, qui, se chargeant de nouvelles souillures d'année en année, deviendrait à la fin si monstrueuse, que l'imagination ne saurait la suivre ni la concevoir? N'est-il pas croyable plutôt que les individus eux-mêmes subissent des changemens qu'ils prêtent aux choses extérieures? Les illusions de la jeunesse avaient disparu pour mon père, pour mon aïeul, et aussi pour le chancelier de l'Hospital. Le monde, qui leur avait paru si aimable aux premières époques de la vie, leur semblait flétri aux dernières. Dabord ils l'ont vu sous un plus beau jour, pour le voir ensuite couvert d'une ombre qui n'existe pas. Les jouissances deviennent rares dans la vieillesse, et il ne faut en user qu'avec une stricte économie. Les années pesantes et importunes gênent la marche, endurcissent les sens, empêchent l'esprit, aigrissent le caractère : devenu chaque jour plus étranger à la vie, le vieillard chagrin se reporte volontiers vers un passé qui lui rappelle sa force, sa jeunesse, dirai-je sa gloire, et des plaisirs si doux, que leur souvenir surpasse les jouissances que lui permettent encore des sens émoussés ; et n'est-il pas heureux que cela soit ainsi ? Si la mort nous surprenait dans l'ardeur de nos attachemens, ne nous serait-elle pas trop cruelle ? Ne vaut-il pas mieux que, devant bientôt quitter le monde, nous nous prévenions pour lui d'un secret dégoût, qui nous en rend la séparation moins amère ?

Quoi qu'il en soit, l'idée contraire à celle des vieillards doit prévaloir : nous pouvons avancer hardiment que le temps présent vaut mieux que le temps passé, et que les temps qui succéderont au nôtre lui seront préférables, dussé-je me dédire plus tard, ce qui sans doute arrivera, si je vis.

DE L'IMPORTANCE

DE LA RICHESSE MOBILIÈRE.

La richesse est foncière ou mobilière ; mais ce qui distingue un état civilisé d'un état qui ne l'est pas, c'est la richesse mobilière. L'état sauvage ou barbare, le despotisme, l'arbitraire, se sont alliés et s'allient tous les jours avec la propriété foncière. Il n'en est pas ainsi avec la richesse mobilière; tout cela disparaît devant elle, ou elle devant cela : jamais on ne les a vus long-temps ensemble. Si plusieurs peuples soumis à des gouvernemens différens partaient en même temps d'un même point et de circonstances égales, et que par la suite on voulût connaître le degré de bonté de ces divers gouvernemens, le degré de lumière, de moralité, de liberté, de population de ces divers peuples, on en jugerait sûrement par la richesse mobilière. Là où elle serait accumulée en plus grande quantité, seraient les meilleures institutions ; les pires où il y en aurait le moins.

Je m'entends dire : Vous avez avancé qu'il y avait maintenant en France plus de richesses mobilières qu'avant la révolution ; ces richesses ne s'accumulent, avez-vous dit, que sous les gouvernemens meilleurs. Les gouvernemens révolutionnaires valaient donc mieux, à votre compte, que le gouvernement de nos rois ?

Il y a deux parts à faire dans notre révolution : celle du bien et celle du mal. On les y voit toutes deux monter plus haut que dans aucune autre moderne révolution.

Ce qu'il y a eu d'injuste et d'atroce dans la nôtre, je le hais. Je dévoue aux furies vengeresses après leur mort, au mépris des gens de bien pendant leur vie, ceux qui ont trempé leur main dans le sang, ceux qui voudront l'y tremper encore, tous ceux qui ont souillé de noirs forfaits la plus légitime et la plus généreuse des causes.

J'ai exprimé mon horreur pour ce qui est mal, je m'expliquerai pour le reste.

Ce n'est pas sous le régime de la terreur, sous le *maximum*, que la richesse mobilière a pu s'accroître; mais elle l'a pu avant et après. Les gouvernemens antérieurs et postérieurs à cette époque étaient plutôt faibles qu'oppressifs, et l'oppression exercée par eux ne l'a pas été sur les points où elle eût été le plus funeste, sur les classes laborieuses. La fortune, qui, dans cette révolution, a montré tant d'inconstances, n'a pas montré tant d'aveuglement qu'on veut bien le dire. L'on a été trop frappé de quelques fortunes faites et perdues tout à coup, d'élévations ridicules et de chutes plaisantes : ces fortunes étaient dans un balancement qui annonçait qu'elles ne devaient pas rester aux mains où elles étaient; mais la plupart de ceux qui ont acquis des propriétés dans la révolution, les ont augmentées et les augmenteront. Les capitaux et une partie des terres ont passé d'hommes frivoles à des hommes utiles, d'hommes dépensiers à des gens économes. On ne parle que de la propriété qui a été déplacée, mais elle est bien peu de chose auprès de celle qui a été produite. La richesse foncière est la même en étendue, mais elle n'est plus la même en valeur; et puis, combien d'industries accrues, combien d'industries nouvelles!

Si l'on compare le gouvernement monarchique à ces gouvernemens passagers, on voit dans l'un l'ordre, dans les autres le désordre, et on juge d'après ces apparences; mais il faut apprécier cet ordre et ce désordre.

Il y a de l'ordre dans les gouvernemens asiatiques, et beaucoup; si quelque indiscret pacha ose le troubler, sa tête bientôt clouée aux portes du sérail apprend aux grands et aux petits qu'il faut respecter l'ordre.

Il y avait de l'ordre dans l'ancienne monarchie; il y avait aussi des ordres : le clergé, la noblesse et le tiers-état. Le clergé et la noblesse dépensaient et ne produisaient pas; le tiers produisait, et dépensait le moins possible.

Il y a deux manières de dépenser, et de la pratique de l'une ou de l'autre de ces manières dépend le bien-être ou le mal-être d'une nation.

La première manière est celle d'un fermier ou d'un fabricant, qui paient des ouvriers; et dans le produit du travail de ces ouvriers retrouvent leur dépense et au-delà. De sorte qu'ayant retrouvé au-delà de leur dépense, ils peuvent, avec ce surplus, entretenir des ouvriers plus nombreux, qui leur donneront toujours des bénéfices plus grands. Cette manière de dépenser ajoute sans cesse à l'aisance individuelle et à l'aisance sociale.

La seconde manière est celle d'un grand seigneur qui entretient des valets. Mais il n'en est pas ici comme de la dépense du fermier à l'ouvrier; il ne revient rien de cette dépense au grand seigneur. S'il ajoute au nombre de ses valets, il ajoute à sa dépense, et non à ses revenus, comme le fabricant. Cette manière de dépenser entretient la paresse, l'immoralité, empêche l'accroissement de la richesse, et peut mener droit à la ruine.

Le tiers-état dépensait de la première de ces manières, et obtenait, en retour de sa dépense, des produits utiles et durables.

Le clergé et la noblesse dépensaient de la seconde de ces manières, et n'obtenaient en retour aucun produit utile ni durable.

Pourquoi donc le sort du peuple ne s'améliorait-il pas, et pourquoi celui de la noblesse et du clergé ne se détériorait-il pas ? C'est qu'il y avait de l'ordre.

Le clergé et la noblesse, quoiqu'en très-petit nombre, avaient la plus grande partie de la propriété foncière; et le tiers-état, soixante fois plus nombreux, avait la moindre. Il faut des impôts dans tout gouvernement pour le maintenir, dans les mauvais plus que dans les bons. Qui croyez-vous qui en payât le plus ? Le clergé et la noblesse qui avaient presque tout ? Non, ils ne payaient presque rien ; et c'était le tiers qui n'avait presque rien, qui payait presque tout. La loi, l'ordre le voulaient ainsi.

Ce malheureux tiers travaillait, car ce qu'il avait de propriété foncière n'eût pas suffi à payer ses charges ; il les payait des produits de son travail. Ce n'était pas pour lui qu'il travaillait, c'était pour l'impôt, pour affermir son oppression ; il suait pour autrui ; et en échange de ses sueurs, de tant de dévouement et de sacrifices, il obtenait.... des mépris. On taillait, on méprisait un agriculteur, un fabricant, un commerçant, tout homme utile, laborieux : il n'y avait de considération, de récompenses, d'honneurs, que pour ceux qui faisaient mal, parce qu'ils ne faisaient rien. Ceux-ci étaient nobles ; ils cessaient de l'être du moment qu'ils devenaient utiles : on disait d'eux alors qu'ils dérogeaient.

Ce tableau n'est point chargé ; ce sont des faits que je rappelle, et je n'y ajoute pas : c'est la monarchie française que je peins, et je la peins telle qu'elle était : je ne parle point d'une chose étrangère ; oserais-je dire à des millions de spectateurs qu'ils n'ont pas vu ce qu'ils ont eu si long-temps sous les yeux? Pourrais-je leur mentir et les tromper?

Cet ordre vaut-il mieux que le désordre de la révolution? Non. Le désordre de la révolution déplaça l'oppression; il la fit tomber sur des classes moins utiles, partant moins respectables; sur le petit nombre, non sur la masse; et puis, la révolution était une crise; elle devait cesser promptement. Mais votre arrangement monarchique, vos ordres oppresseurs ont duré combien de siècles, grands dieux! La persécution révolutionnaire, trop longue, n'a duré que quelques années; mais vous êtes moins patiens que nos pères, et je vous en estime. Il ne faut souffrir l'oppression ni un siècle, ni un an; il ne faut pas la souffrir du tout. Elle a cessé, hommes monarchiques, et ce n'est pas par vous.

Quelques reproches que l'on adresse jamais à la révolution, le Français ne peut oublier qu'il lui doit sa dignité, qu'elle a attaché la considération à l'utile, le mépris et le ridicule à ce qui ne l'est pas. Qui rougirait maintenant d'être commerçant, serait aussi sot que qui s'énorgueillirait d'être noble.

Par la richesse mobilière donc, vous jugerez si un pays est civilisé; par son accumulation, si le Gouvernement y est bon et le peuple heureux.

C'est quelque peu de richesse mobilière accumulée qui donna lieu dans l'origine à la division du travail, et c'est à la division du travail qu'est dû en retour le prodigieux accroissement de la richesse mobilière. Le travail d'un seul homme, par cette division, peut suffire à la nourriture et à l'entretien de plusieurs. Dans une société où le travail est divisé, il peut donc y avoir un grand nombre d'individus dont le travail n'est pas immédiatement consacré à ces opérations, qui donnent les subsistances et l'entretien. C'est donc à l'accumulation de la richesse mobilière que nous sommes obligés de ces hommes uniquement dévoués aux sciences et aux arts, et dont les méditations ont si puissamment amélioré l'état social. Nous devons à la richesse mobilière les choses utiles et commodes de la vie; nous lui devons encore celles qui en font le charme : les sciences et les arts, les lettres et beaux-arts. Sans la richesse mobilière, que de génies qui font nos délices auraient erré dans les steppes et les savanes, pour y mourir inconnus, après y avoir vécu douloureusement.

Les sciences et les arts contribuent au développement de la richesse ; les lettres et les arts n'y contribuent pas ; mais ils en sont la suite. Ils naissent après elle et par elle. S'ils ne fréquentent pas tous les lieux qu'elle fréquente, on ne les voit point où elle n'est pas. Ils semblent se plaire plus particulièrement là où elle leur fait plus d'accueil, où elle se montre plus généreuse. Dans l'antiquité, Athènes, Corinthe, Sycione, qui en était voisine, l'Ionie, contrées commerciales, où il y avait relativement le plus de richesse mobilière, virent briller l'esprit humain du plus bel éclat. Tous les savans, tous les artistes n'y étaient pas nés ; mais c'est-là qu'ils vivaient, et ils n'auraient pu vivre ailleurs. Comme on ne savait pas bien la raison de cette préférence, on l'attribuait à l'air. L'air épais de la Béotie, disait-on, rend stupide ; celui de l'Attique est pur.

Quand Rome conquérante eut concentré dans son sein toutes les richesses de l'univers, le philosophe, le rhéteur, le savant, l'artiste, attachaient leurs sandales et cheminaient vers Rome; les provinces étaient délaissées dans l'obscurité; Rome devint le seul point lumineux de la terre. Quand les barbares vinrent à s'y jeter et à en disperser les richesses, l'unique phare qui éclairait l'univers s'éteignit, et l'univers fut plongé dans de barbares ténèbres : elles en couvrirent la face pendant dix siècles.

Les lumières, mortes à Rome, se rallumèrent à Rome : toutes les richesses de l'Europe affluaient dans la capitale du monde chrétien. Quand on put y traiter splendidement les arts, ils y accoururent à la voix de Jules II et de Léon X; on les vit en Espagne sous Charles-Quint, quelque peu en France sous François Ier; mais quand le commerce des indulgences fut troublé, la monarchie espagnole divisée, la France travaillée de querelles intérieures, ils s'en allèrent. Les Médicis les virent caresser leur opulence; Louis XIV les reçut dans sa cour trop brillante; ils embellirent ses fêtes, édifièrent et décorèrent ses palais. Les finances françaises bouleversées, le peuple mécontent, les Rois ses successeurs furent obligés d'être moins magnifiques. Les arts s'éloignèrent ; il n'est point d'hôtes plus aimables à la fois ni plus ingrats. On les a vus depuis au milieu de nos agitations; mais l'on sait qu'ils ont été recherchés, et que, malgré des guerres ruineuses, nous sommes plus riches, et l'on vient de voir pourquoi.

On n'a pas assez fait pour l'Italie de lui rendre tant de chefs-d'œuvres; il aurait fallu encore la restituer à son antique fortune. La patrie des beaux-arts n'est pas seulement, comme on l'a dit, un beau ciel; le soleil ne les fait pas naître là où sa lumière est la plus vive; la vraie patrie des beaux-arts, leur terre maternelle et nourricière, c'est le pays des coffres-forts. Les statues, les tableaux rendus à l'Italie seront pour elle un vain spectacle qui ne produira qu'une admiration stérile; il n'y aura de long-temps une école italienne. Pour la conservation et le progrès des arts, ces chefs-d'œuvres étaient mieux où ils étaient : Wellington s'est trompé dans son déménagement : si vous avez voulu rendre à l'Italie son lustre, mylord, vous n'y pouviez rien, et vous avez méconnu votre impuissance : si vous avez voulu punir la France, vous avez puni l'Europe.

De ce que quelques contrées puissantes en richesse mobilière n'ont pas vu naître en foule de grands artistes dans leur sein, il n'en faut pas conclure que ma proposition soit fausse. L'Angleterre n'a pas appelé les beaux-arts; si elle les eût appelés, ils seraient venus; ils ont bien été en Hollande. Il n'a manqué à l'Angleterre que de les vouloir, de les payer, de les estimer assez.

Le goût d'une nation riche peut ne s'être pas porté vers les beaux-arts; il peut aussi s'y être porté et s'en être détourné; mais une nation pauvre aurait beau y porter le sien, elle en serait pour ses vœux. Un homme riche peut bien ne pas vouloir de galerie, mais une galerie ne peut appartenir qu'à un homme riche. La condition première, celle de la possibilité pour les beaux-arts est de pouvoir les payer. Que de choses nécessaires pour un particulier avant une galerie, et pour une nation avant les beaux-arts. Il faut que l'un et l'autre soient abondamment pourvus et des choses nécessaires et des choses commodes avant de songer, l'un à une galerie, l'autre aux beaux-arts.

Les lettres et les beaux-arts ne croissent pas à la manière des sciences et des arts. Ils sont d'une constitution différente; leur marche n'est pas progressive. Un grand poëte, né à une époque éloignée, peut bien n'être pas surpassé ni même égalé par les poëtes des âges suivans. Un savant le sera certainement quel que soit son génie. Sa réputation même s'en ressentira; elle ne conservera pas toujours une prééminence aussi distincte que celle d'un grand poëte, d'un grand peintre, d'un grand statuaire. Les beaux-arts sont de premier jet, et un grand artiste peut atteindre d'un coup des sommités si hautes, qu'au-dessus il n'y en ait point de plus élevées. D'autres peut-être y monteront, nul ne s'élancera par-delà, car par-delà il n'y a rien.

Comme les beaux-arts n'ont point de progression, et que la richesse mobilière en a une, que c'est même là son caractère, on n'est pas frappé d'abord de la connexion qu'il y a entre eux. Quoi qu'il en soit, si je vois de la richesse sans beaux-arts, je ne vois jamais de beaux-arts sans richesse. Toujours à l'époque de l'excellence des beaux-arts se rencontrent de grandes prodigalités publiques et privées : sous Périclès, à Athènes; sous Auguste et sous Léon X, à Rome; sous Louis XIV, en France.

La richesse foncière fut long-temps ennemie de sa sœur la richesse mobilière. Les suzerains la poursuivirent chaudement; mais elle éleva des remparts et s'abrita derrière eux. Elle échappa à ses ennemis et les subjugua, nous l'avons vu; les rois l'aidèrent, elle ne fut point ingrate; ils étaient en tutelle, elle les émancipa; leur rang était incertain, elle le distingua; ils étaient barons, elle les fit vraiment rois. Qu'ils s'en souviennent et la protègent.

Elle ne demande pas de représailles contre la propriété foncière; toute la protection qu'elle réclame, c'est d'être exempte d'oppression. Par son développement, elle fera autant de bien à la richesse foncière qu'elle en a reçu de mal.

Que la richesse foncière, toujours personnelle et exclusive, qui voudrait que la richesse mobilière fût sa proie; les propriétaires mobiliers, ses sujets; qui voudrait les éloigner de toute influence; que la richesse foncière, dis-je, ouvre les yeux, et qu'elle connaisse qu'elle n'a de prix que par l'accumulation de la richesse mobilière, et que défendre celle-ci, c'est défendre sa propre importance. Que serait-elle sans l'autre?

La richesse foncière par elle-même a peu de valeur, et celle qu'elle acquiert par la suite n'est jamais qu'en raison de la propriété mobilière. Voyez le prix des terres en divers pays; on les a pour quelques sous dans l'ouest de l'Amérique, pour quelques francs en Russie et en Pologne; mais l'homme le plus riche n'en peut avoir que bien peu en Angleterre et en Hollande. C'est que dans l'ouest de l'Amérique il n'y a point de richesse mobilière accumulée, qu'il y en a peu en Russie et en Pologne, et qu'il y en a énormément en Hollande et en Angleterre.

Ce qui arrive de bien à la richesse mobilière, sa bonne fortune, elle le partage avec la richesse foncière. A mesure qu'elle s'accroît, elle la fait croître avec elle. La richesse mobilière élève le prix des terres, en perfectionne la culture, en multiplie les produits; elle tend à se convertir en propriété foncière, mais elle ne se métamorphose ainsi que pour renaître plus verte, plus forte et plus ample.

C'est dans les villes que sont particulièrement amoncelées les richesses mobilières, et c'est dans le voisinage des villes que l'on voit ces champs d'une culture ravissante, se chargeant chaque année de grasses et abondantes moissons : leur valeur est bien autre que celle des terres qui en sont éloignées. Celles-ci, en perdant de vue la richesse mobilière, perdent pour ainsi dire leur soleil. Si vous voulez donner de la valeur à ces terres éloignées, étendez jusqu'à elles la richesse mobilière, échauffez-les de ses rayons ; alors elles prospèreront sous sa bénigne influence.

Ce n'est pas en raison de la propriété foncière que les hommes sont abondamment pourvus ; mais en raison de la mobilière. Il n'y a aucune comparaison à faire entre la vie d'un sauvage habitant les bords de la Colombia, et un habitant de New-Yorck et de Philadelphie. Sans doute il y a bien des termes entre ces deux extrêmes ; mais quelque amélioration qui survienne, à partir de l'état sauvage, elle sera due toute entière au développement de la richesse mobilière. Plus la richesse mobilière se développera, plus l'homme aura de jouissances : elle ne se développera même que pour les multiplier.

Que si dans une société opulente, vous voyez le malheur accabler de nombreux individus, ces maux ne sont pas nés de la richesse mobilière ; ils viennent d'institutions vicieuses qui en sont ennemies. Mais que l'on considère le dernier degré du malheur dans une société civilisée : de vastes établissemens sont prêts à accueillir l'infortune, et nous lui voyons toujours quelque espoir de soulagement. Je n'en vois aucun chez le sauvage : on l'abandonne, sans couche, sans abri, en proie à une faim insurmontable, à des souffrances sans remède, aux attaques des bêtes farouches ; il meurt solitaire, loin de tout.

Cette excellence de la richesse mobilière n'est point assez sentie. On sait comme on a parlé ici des hommes patentés, des électeurs à cent écus. Qui croit-on servir par ces mépris absurdes ? l'État ? mais il ne fleurit que par la richesse mobilière ; la propriété foncière ? mais sans l'autre elle ne serait rien ; et quand, revenant sur le passé, on a demandé de réparer des pertes irréparables, quelles fortunes a-t-on songé à réhabiliter ? Des terres perdues, des maisons perdues ! comme si l'on n'avait perdu que des terres et des maisons ? Mais les marchandises, mais les rentes ? il n'en était point question ; cela ne méritait pas d'entrer en ligne de compte. Comme si avec des marchandises et des rentes on ne pouvait pas obtenir des maisons et des terres !

S'il était possible de réparer les pertes du

passé, mais il ne l'est pas, c'est par les propriétés mobilières qu'il faudrait commencer. Par là, on apprendrait ce qu'on doit de respect à ce qui en a obtenu si peu ; on releverait encore l'importance du commerçant ; on donnerait pour l'avenir de la sécurité au rentier, qui confia si loyalement sa fortune : on le retrouverait au besoin ; enfin on montrerait à chacun que l'on ne veut plus immoler avec une si froide indifférence la richesse mobilière d'où sort tout bien. Celle-ci assurée, la foncière, si solide par sa nature, aurait-elle à craindre ?

Si le gouvernement eut accédé au vœu si imprudemment manifesté de réparer le passé, il n'eût pas eu pour adversaires le plus petit nombre, mais le plus grand ; cent mille individus, mais vingt-neuf millions. Comment s'y serait-il pris pour rendre valeur égale contre valeur égale ? La propriété foncière ayant augmenté en valeur par l'accumulation de la richesse mobilière, en rendant quantité pour quantité, il eût rendu un et demi et souvent deux contre un : la violence ayant fait admettre la réparation comme juste, il suivait encore bien des embarras. Le gouvernement aurait eu le temps de disparaître au milieu de ces soins.

Il n'est pas vrai que toutes ces terres aient été vendues pour rien : cela paraît ainsi quand on en juge aujourd'hui par le prix en argent. Mais à cette époque, l'argent et la propriété mobilière étaient rares relativement à la quantité des terres à vendre. Les terres vinrent au marché en une surabondance excessive, dans une masse entièrement disproportionnée à celle de l'argent et de la propriété mobilière en circulation. Le capital des rentes parut en outre en concurrence avec les terres. Peu d'argent acheta beaucoup de terre; mais en même temps peu d'argent achetait beaucoup de rentes.

Indépendamment de cette surabondance qui fit baisser les terres, elles baissèrent encore par le risque qu'il y avait à les acheter : c'était les dépouilles du champ de bataille mises à l'encan. Si la victoire restait fidèle au parti vainqueur, la vente du butin était assurée; mais il retombait aux mains du vaincu, si le sort des armes changeait. Ce risque peut aisément être évalué. Les biens nationaux baissans firent baisser les patrimoniaux. La différence de prix entre ces deux sortes de biens est le risque

Deux choses concoururent donc à faire vendre ces biens à bas prix : leur abondance au marché, et le risque de l'acquisition. Tout autre bien, par la première de ces circonstances, eût subi une baisse extrême; et, par la seconde, on voit que ceux qui ont été vendus l'ont été ce qu'ils valaient en de telles conjonctures. Cela n'en est pas plus consolant pour ceux qui les ont perdus, mais cela justifie le prix qui en a été donné.

Ceux qui les ont achetés ont sans doute fait un bon marché par événement; mais il était alors loin d'être ce qu'on le suppose aujourd'hui, outre que l'on ne tient pas compte de ce que ces biens ont acquis de valeur depuis qu'ils sont en des mains plus actives.

On représente communément les propriétaires mobiliers comme étrangers ou s'intéressant peu au gouvernement sous lequel ils vivent; comme s'ils avaient moins d'intérêt à le soutenir, moins à perdre, et que leur richesse ne fût pas plus casuelle, plus sujette à accidens.

S'il est des hommes forcément appelés à soutenir l'État, à maintenir la tranquillité au-dedans et au-dehors, ce sont les propriétaires mobiliers. Les excès d'une sédition, une invasion n'enleveront pas au propriétaire foncier sa fortune et son honneur; mais le propriétaire mobilier peut perdre l'un, sinon tous deux. Sur la terre du premier, on prendra le blé d'une année, des bestiaux qui appartiennent presque toujours au fermier, et le propriétaire n'aura pas grand dommage. Mais l'invasion du magasin de l'autre peut lui ôter le travail de toute sa vie; la moindre altération dans les affaires trouble le propriétaire mobilier jusques dans ses entrailles; ses engagemens sont pris, ses billets arriveront à échéance: comment les acquitter? Il vend peu, la circulation est ralentie il est tout en émoi. Il sera content si, au prix des plus grands sacrifices, il peut conserver intact son honneur, et le transmettre pour tout bien à ses fils laborieux; heureux, dit Pindare, si, arrivé aux noirs confins de la vie, je laisse à mes enfans le plus précieux des héritages, une bonne renommée!

Le propriétaire mobilier est donc intéressé, plus intéressé que le propriétaire foncier, à soutenir le Gouvernement: mais il ne l'est qu'à soutenir un bon Gouvernement. Sa fortune particulière dépend de la fortune publique, et tout ce qui blesse celle-ci blesse la sienne. Un Gouvernement qui inquiéterait par l'abus du pouvoir, qui rendrait la propriété incertaine, la liberté douteuse, les rapports plus rares, qui exciterait la défiance au lieu de la sécurité, l'aurait pour ennemi. Son comptoir l'avertit chaque jour de la marche des choses, et le premier affecté par les fautes du Gouvernement, il jette le premier le cri d'alarme.

Son mécontentement se propage avec une incroyable célérité; tous les propriétaires mobiliers se tiennent par des relations étroites; chaque jour ils se rassemblent et s'interrogent; il est des lieux pour cela. La gêne de l'un d'eux met en alarme un grand nombre; une fortune chancelante en ébranle beaucoup d'autres; une fortune qui tombe en renverse plusieurs.

Il n'en est pas ainsi chez le propriétaire foncier; rien ne l'attache à ses pareils. Il tombe, les autres ne le voyent pas; ses biens, ses maux, son élévation, sa ruine, tout est personnel, sensible à lui, insensible aux autres.

On voit que le propriétaire mobilier peut être redoutable, mais ne peut l'être qu'à un mauvais Gouvernement; le propriétaire foncier, au contraire. Arrogant et rusé avec un pouvoir doux, il cherche à l'abattre et à s'en saisir; il dispute pour les priviléges qu'il a, pour ceux qu'il n'a pas. Toute cette roideur l'abandonne devant une autorité puissante; il s'assouplit jusqu'à courber sa tête, jusqu'à ployer ses genoux devant la tyrannie. Sa propriété ne lui est pas ravie d'un coup; il la veut conserver à tout prix; il endurera bien des amertumes avant de se fâcher. Quand le propriétaire mobilier a perdu la sienne, ou ne peut plus y ajouter, il détermine d'ôter au tyran tout ce qu'il peut lui ôter; avec les débris d'une fortune ruinée, mais avec une industrie qui raffermit son cœur et soutient ses espérances, peut-être ira-t-il au-dehors chercher l'hospitalité pour lui et des ennemis à son tyran; peut-être restera-t-il au-dedans, enflammant de son indignation les classes inférieures dont le sort est lié au sien. Mais au-dedans ou au-dehors, il saura si bien faire, il remuera tant, qu'il chassera l'oppression.

Si l'on entre plus avant dans la considération des deux caractères du propriétaire mobilier et du propriétaire foncier, on recevra, de l'examen de l'un, bien plus de satisfaction que de celui de l'autre.

Accoutumé de n'agir que sur des choses matérielles, de ne penser que sur des faits, le bon sens du propriétaire mobilier est parfait. Il y a un rapport admirable entre les choses et l'idée qu'il en a; son esprit calculateur ne s'avance que pas à pas; jamais il ne s'abandonne dans des régions trop élevées; ses rêves sont terre à terre, ses spéculations possibles; sa marche lente, mais sûre, lui a souvent valu l'accusation d'homme personnel, d'esprit borné, étroit. Ce n'est pas de cette classe que sortent les conquérans, les *ravageurs*, comme Bossuet les appelle.

Le propriétaire foncier marche autrement; il s'avance par saillies; son imagination est brusque et impétueuse; comme il vit de revenus qu'il n'a point eu la peine d'acquérir, mais qu'il a trouvés tout acquis, il n'a point d'idée de ce que c'est qu'*acquérir*. Ayant trouvé la fortune toute faite, il croit qu'elle peut se faire tout de suite; les notions qui se placent dans sa tête, ne sont point exactes, ce sont des rêves. Il serait à l'étroit dans le possible; impatien de son état, il se jette dans le large et le démesuré; sacrifiant sans regret une fortune qu'il croit regagner sans peine, toujours visant à un but qu'il ne peut atteindre, il se prépare mille tourmens. Un échec ne l'avertit pas, il accuse le sort; il recommence avec aussi peu de succès, et ses plaintes se renouvellent. Toujours exalté, toujours précipité, il culbute sans relâche.

Le propriétaire mobilier, vigilant, économe, instruit de la valeur des hommes et de la possibilité des choses, est rarement désappointé : sa vie est simple, tranquille, florissante.

Le propriétaire foncier, sans relations graves et réelles, se montre trop souvent frivole, orgueilleux et prodigue; le mécompte et le malheur ont été plus d'une fois son partage. Dans l'ordre naturel des choses, il n'y a guère, dit-on, de fortune foncière qui se transmette jusqu'à la quatrième génération. Si le tempérament du propriétaire foncier n'eût été dissipateur, pourquoi tant d'institutions violentes pour le forcer à garder ce qu'il eût gardé de soi-même? Sans ces précautions légales, les émigrés n'auraient pas perdu leurs propriétés par l'émigration, ils auraient été obligés de les vendre long-temps avant pour payer leurs dettes. Ce ne sont pas les émigrés seulement qui ont perdu des terres, ce sont aussi les créanciers hypothécaires ou non des émigrés.

Un mauvais gouvernement est ennemi de tous les citoyens, et tous les citoyens le sont d'un mauvais gouvernement. Mais c'est surtout des propriétaires mobiliers qu'il a tout à craindre, un bon, tout à espérer. Si par eux, la tyrannie est frêle, débile, provisoire; par eux aussi, un pouvoir équitable est ferme, inébranlable, irrésistible.

Si la puissance est en raison de la richesse, elle est encore en raison de la mobilité, de la disponibilité de la richesse. La Hollande, contrée petite sur la carte, mais contrée commerçante, résista à la toute-puissance de Louis XIV, jointe à la puissance maritime de l'Angleterre. Et dans la lutte si longue dont l'Europe vient de donner le spectacle, qui l'a emporté? La nation la plus riche en propriétés mobilières. C'est avec ses subsides que l'Angleterre a coalisé tant de fois l'Europe, et soumis, par une étonnante égalité, rois et empereurs à la loi de conscription. C'est en vain que Buonaparte eût vaincu à

Moscow et triomphé à Waterloo. La richesse anglaise, se répandant sur le continent, eût recruté de nouveaux ennemis, et fait sortir de terre d'innombrables bataillons. L'avantage ne pouvant lui échapper que par l'infériorité de sa fortune, fortune dont n'approche aucune autre en Europe. Braves soldats, habiles généraux, excusez-moi : ce n'est pas vous seuls qui donnez la victoire; elle appartient encore à la richesse non moins victorieuse que vous. Nations, voulez-vous être à jamais invincibles, devenez opulentes.

Mais quand vous serez opulentes, vous ne voudrez plus être guerrières. Votre population laborieuse n'est point, comme dans l'antiquité, organisée pour la conquête, et la conquête ne vous pourrait apporter aucun avantage. Je le demande, au temps des nôtres, qu'en retirions-nous ? Nos dépenses ont-elles été jamais diminuées, nos impôts rendus plus légers ? Les guerres coûtent plus qu'elles ne rapportent. Que de frais avant d'être en état d'en commencer une ! Elles ruinent le vaincu et n'enrichissent pas le vainqueur. Celui-ci détruit beaucoup de richesses et n'en peut guère emporter. Les plus transportables ont été enlevées par le propriétaire. Elles ont fui avec lui d'une fuite plus rapide que la marche du vainqueur. Il ne faut donc plus, à l'exemple des anciens et de quelques modernes insensés, songer à conquérir. La défense seule est légitime. Mais soit que vous vouliez attaquer ou vous défendre, la richesse mobilière sera le plus perçant des glaives, le plus solide des boucliers, le plus inexpugnable des remparts.

J'ai fini ma tâche, et crois avoir accompli ma parole. Le Gouvernement ne doit plus se diriger en vue d'une *aristocratie* et d'une *démocratie* qui n'existent plus, mais en raison des laborieux et des fainéans.

Il doit encourager le travail, d'où sortent la morale et la richesse, l'amour de la paix et la haine de la guerre :

Abriter le plus possible la richesse mobilière délicate de sa nature, qui donne de la valeur à la richesse foncière et du bien-être à tous : craindre de blesser les propriétaires mobiliers, redoutables au-dedans par leur union entr'eux et leur empire sur les classes inférieures: seconder leur industrie qui rend invincible et tout-puissant.

Que si ces considérations sont toujours présentes au Gouvernement; si elles assistent à ses conseils et déterminent ses actions, il peut espérer de la durée pour lui et de la prospérité pour les gouvernés.

www.ingramcontent.com/pod-product-compliance
Lightning Source LLC
LaVergne TN
LVHW021718080426
835510LV00010B/1025